K.G. りぶれっと No.17

臨床心理科学研究のフロンティア

大対香奈子
道 城 裕 貴
本 岡 寛 子

関西学院大学出版会

目　次

はじめに

本書『臨床心理科学研究のフロンティア』は、二〇〇六年度に本学大学院文学研究科から「博士（心理学）」の学位を取得した三名の若手研究者が、高校生や大学生、一般の読者にも理解しやすいように、博士論文研究の一端をわかりやすく紹介したものである。三名とも、指導教授である松見淳子教授の研究グループで、エビデンス（治療介入効果の有効性等の根拠）に基づいた科学的臨床活動を行ってきた。

第1章の大対香奈子氏は子どもの学校適応に、第2章の道城裕貴氏は発達障害児が在籍する通常学級への教育支援に、第3章の本岡寛子氏は学生や社会人、臨床患者における「心配」の問題に、それぞれ取り組み、成果をあげている。三名とも、応用行動分析や認知行動療法といった「基礎心理学に基づく臨床心理学」を実践し、その効果を科学的に検討して、今後の臨床実践に反映させていくという実証的な臨床研究活動を行っている。科学的な臨床心理学の姿がそこにある。

本書も、二〇〇六年八月に出版した『心理科学研究のフロンティア』に引き続き、文部科学省「『魅力ある大学院教育』イニシアティブ」に採択された本学文学研究科心理学専攻のプロジェクト「理工系分野に貢献する心理科学教育」（二〇〇五〜二〇〇六年度）の一環として企画されたものである。また、本書で紹介されている研究は、文部科学省の「学術フロンティア推進事業」に採択された本学応用心理科学研究センターのプロジェクト「先端技術による応用心理科学研究」（二〇〇二〜二〇〇六年度）の成果を反映したものである。

なお、今回も編集にあたり、名方嘉代さんの協力を得た。また、第1章のイラストは小川有美子さんによるものである。感謝したい。

八木昭宏（プロジェクト代表者、関西学院大学文学部総合心理科学科教授）
中島定彦（出版企画担当者、関西学院大学文学部総合心理科学科助教授）

第1章『学校が好きですか？』

大対香奈子

かなこさんの学校での一日 ――登校編

かなこさんは小学三年生。今朝も眠そうに目をこすりながらの登校です。少し前には、同じクラスの女の子が数名のお友だちと一緒に登校しています。女の子たちは楽しそうに、「今日の休み時間は縄跳びしよう」などと話しています。その横を、かなこさんは黙って通りすぎてしまいました。そんなかなこさんに女の子たちは話に夢中で気がつきません。結局、友だちと朝の挨拶も交わさないまま、かなこさんの一日は始まりました。

子どもの学校不適応の現状

かなこさんのように引っ込み思案の子どもは、積極的に仲間と関わることが難しく、授業中にも手を挙げて発表したり、分からないところがあっても先生に分からないと意思表示をすることがなかなかできない。このような子どもは、学校で不適応を起こしやすいと言われている。不適応のリスクになるのは、引っ込み思案の行動だけではなく、カッとなってすぐに仲間や教師に暴力を振るうような攻撃性の高い行動もまた、学校での不適応のリスクが高いことが研究からも明らかになっている。文部科学省は毎年度、「児童生徒の問題行動等生徒指導上の諸問題に関する調査」を実施している。平成十六年度の調査結果によると、学校内で発生した暴力件数は三〇、〇二二件、いじめの発生件数は二一、六七一件、不登校の児童生徒数は一二三、三一七人と報告されている。前年度に比べるとこれらの問題行動は減少傾向にはあるようだが、依然として子どもの学校での問題行動は深刻であると言えるだろう。また、最近では特に、学校でのいじめについては早急に対応が必要な状況にある。

子どもの学校における問題行動については、心理学的視点から研究が盛んに行われている。これまでの研究では、どのような子どもが学校で適応できるのか、つまり学校で上手くやっていけるのかを明らかにするための研究が多かった。ある研究者は勉強の良くできる子どもが学校で上手くやっていけると言い、別の研究者は暴力行為などの問題行動があるかどうかで学校で上手くやれるかが決まると言った。また別の研究者は、仲間や先生と良い関係を築くために必要とされる社会的スキルがあれば学校で上手くやっていけると主張した。

このような従来の研究では、子ども自身に不適応の原因を求める傾向が強く、子どもを取り巻く環境へはほとんど目が向けられてこなかった。したがって、どのような環境要因によって子どもの問題行動が生じ、また維持されているのかということについては、あまり検討されていなかった。さらに、子どもが学校で適応できているかどうかは学業達成や問題行動の有無という点から評価されることが多く、子どもが学校を好きかどうかという子どもの視点からの評価はほとんどされなかった。

しかし、一九九〇年代に入ると、研究にも新しい流れがやってきた。研究者は研究の対象を少しずつ子どもからその子どもを取り巻く環境にまで広げ始めたのである（文献１）。また、子ども自身が報告する「学校が好き」「学校が楽しい」という主観的な学校への評価に関わる要因を探し始めた。

かなこさんの学校での一日　――授業＆休み時間編

日番の元気のいい挨拶と共に、今日の授業が始まりました。一時間目は算数です。今日から新しく、掛け算の筆算を習います。かなこさんはやり方がよく分からずに、問題を解く手が止まってしまいました。引っ込み思案のかなこさんは他の子のように「先生、分かりません」と言えません。じっとうつむくまま、時間はどんどんと過ぎていきます。そんなかなこさんの様子に気がついた先生は、「ここ分からない？　じゃ、先生と一緒にやってみようね」と声をかけてくれました。先生の助けも借りながら、かなこさんはどうにか掛け算の筆算を理解することができました。「よくがんばって最後までできたね」と先生は一生懸命に取り組んだかなこさんを褒めてくれました。その時ちょうどチャイムが鳴り、算数の授業は終わりました。

休み時間になって運動場に出たかなこさん。朝見かけたクラスの女の子たちは、楽しそうに縄跳びをして遊んでいます。少し離れたところからその様子を見ていたかなこさんに、けいこさんがにっこりと笑いかけました。「一緒に縄跳びする？」けいこさんが声をかけてくれたおかげで、かなこさんは女の子たちと縄跳びを楽しむことができました。

学校環境で機能的な子どもの行動

かなこさんは授業中も休み時間も相変わらず引っ込み思案で、上手く自分から教師や友だちに働きかけることができなかった。しかし、かなこさんは授業中や休み時間に不適応を起こしていただろうか。手が止まっているかなこさんに声をかけ教えてくれた教師や、一人でいるかなこさんを遊びに誘ってくれた友だちのサポートがあると、かなこさんは授業を理解し友だちとも遊ぶことができた。全てのケースでこのように上手くいくとは限らないが、ここで気がついてもらいたいことは、かなこさんが学校で適応できるかどうかがかなこさん自身の行動だけで決まるわけではないということである。

最近では、子ども自身の知的・行動的な能力だけではなく、子どもを取り巻く環境にも目を向けて、「どのような子ども」が「どのような環境」にいる場合に学校に適応しやすいのか、適応しにくいのか、という視点から研究を行う研究者も増えてきた。このように子どもの行動と環境の両方から学校適応を捉えるという考え方は、実は新しいものではなく、行動分析学という学問領域においては行動理解の基本となる考え方である。

行動分析学は、行動がどのような環境条件によって増えたり減ったりしているのかという、行動と環境条件の機能的関係を記述することを目的とする学問である（文献2）。ヒトや動物の行動には、行動に好ましい結果が続く場合にその行動が増え、反対に好ましくない結果が続く場合にはその行動は減るという原理がある。具体的な例を示すと、私達は頑張って勉強をして（行動）親から褒められる（好ましい結果）とさらに頑張って勉強する（行動の増加）だろうし、一度触って（行動）やけどをした（好ましくない結果）ストーブを二度と触らないだろう（行動の減少）。特に、行動に好ましい結果が随伴し、その行動が増える事を行動分析学では「強化」と言うが、ある環境において適応的な行動は、環境から強化される行動であると言い換えることができる。

また、行動分析学では行動の形態ではなく機能に注目する。つまり、勉強をする行動が褒められることで強化された場合と、お手伝いをする行動が褒められることで強化された場合とでは、行動の形態に注目すると「勉強をする」と「お手伝いをする」で異なるが、褒められるという結果に結びつくと言う意味ではこの二つの行動は、同じ機能を持つのである。学校に適応するには、子どもの行動が学校環境から強化されるように機能していることが重要である。

子どもの学校適応を捉える三つの視点

このような考え方にしたがって学校適応について捉えてみると、子どもが学校に適応しているかどうかを理解するためには、子どもの行動そのものを見るだけでは不十分であり、子どもの行動が学校環境においてどのくらい強化されているのか、という行動の機能を明らかにする必要がある。例えば､気に入らないことがあるとすぐに仲間や教師に暴力をふるう少年の場合、この少年の暴力的な行動は、学校環境において教師やクラスメートから強化されるようなものではない。しかし一方で、特定の仲間グループの中では暴力的な行動は「かっこいい」と賞賛され、グループの中での少年の地位を保つという機能を果たしている行動であることも考えられる。したがって、行動だけを見ても本当にその行動がその子どもにとって学校に適応する上で不適切かどうかの判断は難しい。一般常識的な視点から見て「不適応」な行動であっても、その子どもの置かれた環境においては「適応的」な行動として機能している場合が考えられるからである。

それでは、暴力的な行動であってもある場面でそれが受け入れられてさえいれば「適応的」と見なしてもいいのか、という疑問がわいてくるだろう。ここで重要になってくるのが子どもの主観的な学校適応感、つまり子ども自身が学校をどれくらい好きか、居心地の良い場所だと感じているかという点である。先ほど例に挙げた暴力的な少年は、特定の仲間から強化されていたとしても、学校環境において教師やクラスメートから強化されない状況があれば、必ずしも学校を「好きな場所」「居心地の良い場所」とは評価できないであろう。なぜなら主観的な適応感は、ある行動が環境において強化されているほど、高くなるものだと考えられるからである。たとえ特定の場面で強化される機能的な行動であっても、相対的に見て強化されない場面が多ければ、その環境への適応感はそれほど高まらないはずである。

このように行動分析学の考え方も反映させながら、筆者らは学校適応の捉え方として、注目すべき三つの点について提唱した（文献３）。一つは従来の研究にもあるように子ども自身の能力や行動特徴である。もう一つは、子どもの行動が環境から強化されるような機能を果た

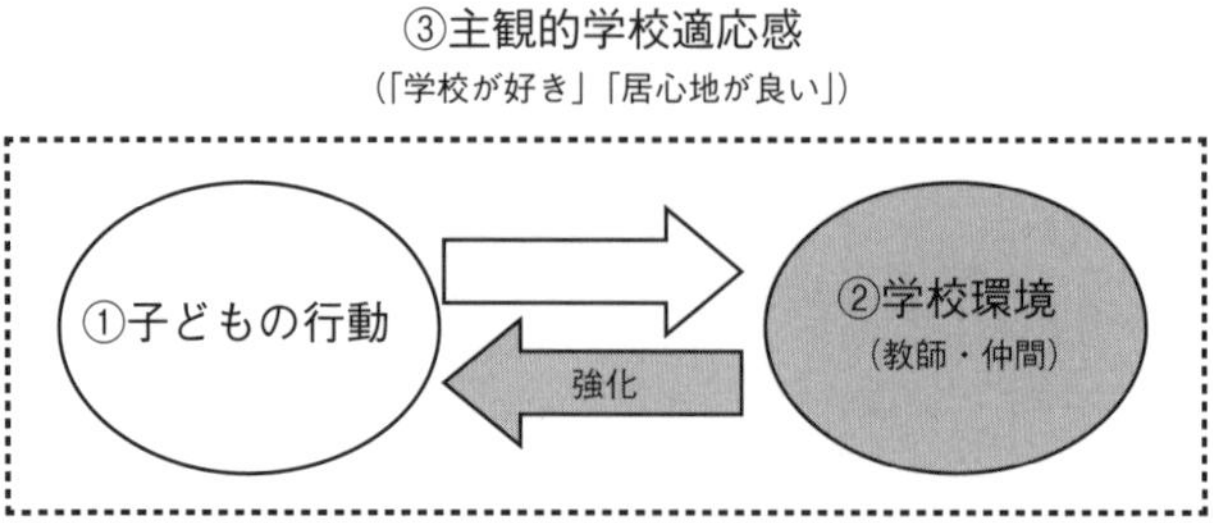

図１　学校適応を捉える三つの視点

しているかという、行動の環境における機能である。そして最後の一つは、子ども自身が学校を「好き」「居心地が良い」と感じているかという主観的な適応感である（図１）。

「学校が好き」であることに関わる要因

筆者らは小学四年生に一度、次のような調査をしたことがある（文献４）。一日の終わりにその日の気持ちを、嬉しい顔、悲しい顔、怒った顔、無表情の顔の四つから選び、そのような気持ちになった理由を書くというものであった。「テストで満点を取れたから嬉しかった」「給食に大好きなおかずが出て嬉しかった」「先生に怒られて悲しかった」「友だちに仲間はずれにされて怒った」「ドッジボールで負けて腹が立った」など、子ども達は学校で起こる出来事から実に様々な感情を経験していることが伺えた。子どもの報告にポジティブな感情経験が多く、ネガティブな感情経験が少ない場合に、学校を「楽しい」「好きだ」と感じているとすると、学校を

「楽しい」「好きだ」とどの程度感じるかには、仲間とのケンカから給食の内容まで様々なものが要因として考えられる。

主観的な学校適応感を測定する方法として、国内外の研究で一般的によく用いられるのは子どもによる自己評定である。ある研究では、子ども自身に評価させた学校における主観的な適応感や不適応感に関わる様々な要因を検討し、その中から三つの主要因を明らかにした（文献5）。その三つの要因とは、友人との関係、教師との関係、学業である。これら三つの要因は、一様に主観的な学校適応感に影響を及ぼしているわけではなく、学業成績が学校適応感に強く関係する子どももいれば、仲間との良好な関係の方が強く関係している子どももいると思われる。

中高生を対象に、複数の学校でこの三つの要因と学校適応感との関係を調べた研究によれば（文献6）、友人との関係の要因はどの学校においても一貫して学校適応感に最も強く関連するものであることが明らかになった。一方で、教師との関係や学業の要因については、学校によって学校適応感との関連の強さに違いが見られた。筆者らは同様の研究を、二つの小学校の児童を対象に実施した。小学生の場合も同じように、二校に共通して友人との関係が子どもの主観的な学校適応感と最も強い関係を示していた。

これまでの学校適応は学業達成を基準に考えられることが多かったことは既に述べた。しかし、このように子どもがどれくらい学校が好きかという主観的な適応感から検討した場合、学業よりもむしろ友人との関係の方が子どもにとっては重要な要因であることが明らかになった。学業は子どもが学校で行う活動の大部分を占めるものであるために重要視されやすいが、友人との関係づくりは「日々の生活の中で身に付けていくもの」と捉えられているために、かえって特別注意を向けられることは少ないように思う。しかし、子どもの学校不適応の原因に友人関係に関わる問題も多く含まれることから、友人との関係という要因の重要性についてももう一度見直すべきであるのかもしれない。また、子どもが良好な仲間関係を築くために、学校が積極的に取り組めることは何かを考えていく必要があるだろう。

「学校が好き」になるための仲間の役割

子どもが「学校が好き」と感じるためには、友人との関係が重要であることがこれまでの研究からもわかってきた。良好な仲間関係を築くために必要になるのが社会的スキルである。先に述べたような引っ込み思案や攻撃的な行動は、社会的スキルの欠けた行動であり、このような行動特徴を示す子どもは仲間からの人気が低く、親しい友人も少ないことが明らかにされている（文献7）。したがって、社会的スキルの低い子どもは高い子どもよりも学校で不適応を起こすリスクが高いことになる。しかし、社会的スキルの低い子どもには不適応の道しか残されていないかというと、そうではない。

それでは、社会的スキルの低い子どもが学校で不適応を起こすリスクを少しでも小さくするためには、どうすればいいのだろうか。ここで、かなこさんの休み時間のエピソードを思い出して欲しい。引っ込み思案のかなこさんは自分からは遊びに入ることができなかったが、けいこさんが声をかけてくれたことで仲間入りすることができ、楽しく遊ぶことができた。このように、子どものスキルの高さだけではなく、周囲の仲間がその子どもにどのように働きかけるかということも、子どもが仲間と楽しく遊べるかどうかを決定する重要な要因である。

筆者らは、小学四年生から六年生までの児童を対象に調査研究を行い、子どもの社会的スキルの高さと仲間関係が相互にどのように作用して「学校が好き」という主観的な適応感と関係しているかを調べた（文献８）。その結果、仲間を助ける、仲間に親切にするという社会的スキルが低い児童であっても、親しい友人が多い場合には「学校が好き」という適応感は高いことがわかった。つまり、親しい友人が多いほど友人から支援を得ることができ、社会的スキルが低い児童はそのおかげで適切に行動できることが増えると考えられる。その結果、適切な行動が仲間から強化されることで「学校が好き」という評価が高くなったのだろう。このように、仲間の支援が得られる環境があれば、社会的スキルの低い児童の主観的適応感は高まる可能性がある。

筆者らはまた、小学校入学直前において同年齢の子どもよりも言葉などの知的発達や社会性の発達が少し幼い子どもが、小学校入学後に仲間とどのように関わるかを観察した（文献９）。一般的にほとんどの子どもは小学校入学までに、他者の視点から物事を理解したり、感情をコントロールしたり、仲間との葛藤にうまく対処できるようになる（文献10）。しかし、この時期は社会性の発達が著しく、また個人差も非常に大きい。筆者らの研究で注目した、発達が幼い状態で小学校へ入学してきた子どもは、年齢相応の発達を示す子どもに比べると、グループ遊びの場面で相手の持っているおもちゃを取ろうとしたり、順番を守らなかったり、おもちゃを独り占めしたりするような、不適切な社会的行動を多く示した。また、そのような行動に対して、仲間から文句を言われたり、拒否されたりするようなネガティブな反応を返されることが頻繁に見られた。

この観察から分かった興味深い点は、このように不適切な行動を示す幼い子どもの中にも、上手にグループの中で遊べる子どもがいたことである。より詳しく遊びの様子を観察してみると、上手に遊べている子どもの場合は、同じグループの仲間が順番を教えてあげたり、おもちゃを分けてあげたりしていた。このように、発達が幼く不適切な行動の多い子どもであっても周りの仲間からサポートが得られれば、上手にグループで遊べることが示されたのである。

筆者らが行ったこれらの研究で示されているように、社会的スキルが低い子どもや発達の幼い子どもは、必ずいつも不適応を起こすかというとそうではなく、仲間からのサポートが得られる環境にいる場合には、学校にも十分に適応できる可能性がある。小学校入学前の子どもの発達の程度が、入学後の学校生活に十分なものであるかどうかということは、「スクールレディネス」と言う。これまでスクールレディネスは、子ども自身が学校に適応するために必要な能力をどの程度備えているかという視点で捉えられてきたが、ここにも示したように、学校に上手く適応できるかどうかは子ども自身の能力だけで決まるわけではない。最近ではスクールレディネスの概念を広げ、スクールレディネスが子どもだけではなく、子どもを受け入れる学校側にも課された準備性であると主張する研究者もいる（文献11）。

「子どもが好きな学校」づくりのために

学校を子どもにとって居心地の良い場所にするためには、子ども自身の適応能力を高めるだけではなく、仲間や教師といった周囲の環境からのサポートを高めることも同時に重要である。現在、子どものスキルと仲間からのサポート力の両方を高めることに有効だと思われるプログラムが、教育現場で盛んに実施されている。そのようなプログラムの代表的なものに、学級単位のソーシャル・スキル・トレーニング（以下、ＳＳＴ）がある。

ＳＳＴはもともと、発達障害の子どもや極端な引っ込み思案、攻撃行動を示す子どもなどを対象に、個別に実施されることが多かった。最近になって、トレーニングの効果に将来的な不適応の予防ということが期待されるようになり、学級単位で実施することも増えてきた。学級単位でＳＳＴを実施する場合には、もちろん社会的スキルが既に十分に高く、トレーニングの必要がない子どもも含まれる。しかし、スキルの高い子どもも含めてトレーニングを行う利点としては、スキルの高い子どもが教師に代わってスキルの低い子どもに適切な行動を教えるという役割を果たすようになることである。したがって、学級単位のＳＳＴはスキルの低い子どものスキルを高め、またそれを後押しする仲間のサポート力も同時に高める効果があると考えられる。

ここに、筆者らが行った学級単位のＳＳＴとその効果について、簡単に紹介しよう（文献12）。トレーニングに参加したのは、小学三年生の一学級（三十七名）であった。この学級では、一部の児童がクラスメートに命令をして嫌がることを無理やりさせることがあると、担任教師より報告されていた。そこで、命令をするという不適切な行動を修正するために「優しい頼み方スキル」を、また命令された時に断れない児童のスキルを高めるために「上手な断り方スキル」を標的スキルとして選び、これら二つのスキルを学級単位のＳＳＴで指導した。

ＳＳＴの基本的な手続きには、「教示」「モデリング」「行動リハーサル」「強化・フィードバック」という認知行動的な手法が含まれる。「教示」では、その日にトレーニングするスキルが

図２　「上手な断り方スキル」の行動リハーサルの様子

なぜ必要かについて説明をする。「モデリング」では、教師やトレーナーが児童の前で良い例と悪い例を示し、どこが良くないか、どこが上手かという点について児童に発表させる。発表で出た意見をまとめ、スキルの具体的な行動項目を子どもに確認する。例えば、「上手な断り方スキル」の場合は、相手の頼みをきけないことを謝る、どうして断るか理由を述べる、はっきりとできないことを伝える、断る代わりに自分にできることを言う、の四つが具体的な行動項目であった。全ての項目が確認できたら、「行動リハーサル」では数種類の仮想場面を提示し、児童はその場面で「上手な断り方スキル」を実際に使って練習をする（図２）。「強化・フィードバック」は行動リハーサルで児童が練習している時に、教室内を教師やトレーナーが巡回して、上手にできている児童を褒め、できていない児童は個別に指導する。

このような一連の手続きを、一つのスキルに対して四十五分間の授業時間を使って実施した。

ＳＳＴの効果検証として、ＳＳＴで指導したスキルが獲得されたかどうかを、子どもの自己評定と設定場面でスキルを模擬的に実行するロールプレイによって確認した。その結果、ＳＳＴの実施前に比べて、実施後のスキルの評価は自己評定、ロールプレイの他者評定の両方において向上が見られた。つまり、ＳＳＴで指導されたスキルは、児童の行動レパートリーとして身についていた。また、スキルの獲得だけではなく、このような学級単位のＳＳＴを実施することが「学校が好き」という主観的適応感や子どもの仲間関係にどのような変化をもたらしたのかについても検討した。興味深いことに、「学校が好き」という主観的な評価と学級内での子どもの人気度は、ＳＳＴ実施前に学校適応が低かったグループの児童において最も大きな変化が見られた。また、ＳＳＴ実施直後よりも三ヵ月後のフォローアップにおいてより顕著な変化が確認された。

図3はＳＳＴを実施した学級の児童の、「学校が好き」という評価についての変化を示している。評価は1から5までの五段階で行った。ＳＳＴ実施前に「学校が好き」という評価が一番低かったグループの子どもは、介入後と三ヵ月後のフォローアップにかけて「学校が好き」という評価が顕著に上昇していることが分かる。図4は学級内の人気度の変化を示したものである。トレーニング実施前は、学校適応がもともと低かったグループと中程度だったグループ

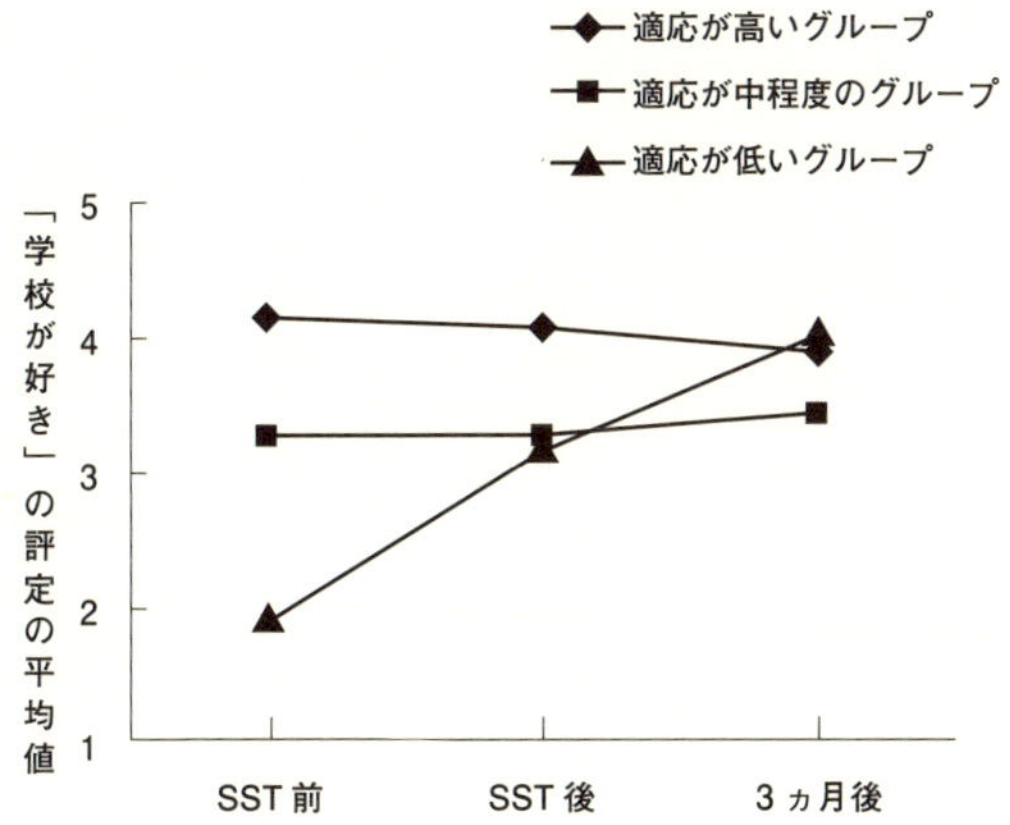

図３　「学校が好き」の評定のグループごとの変化

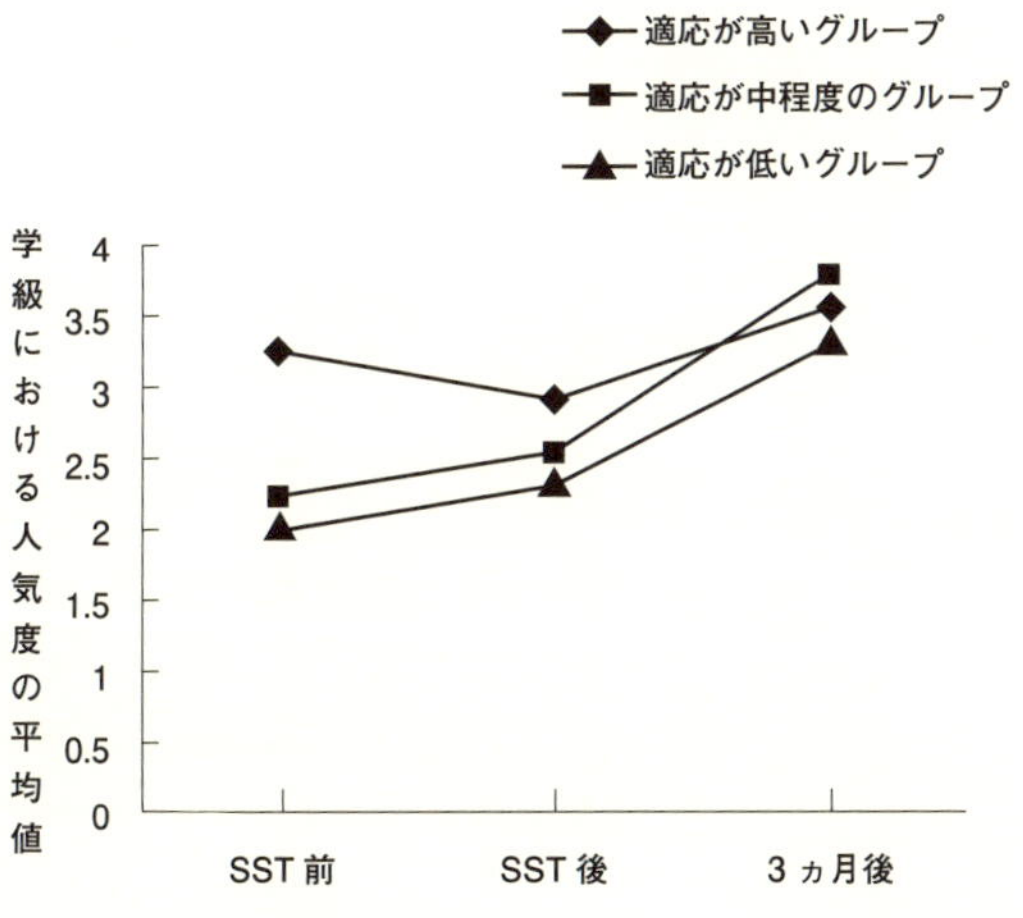

図４　学級内の人気度のグループごとの変化

の学級内の人気はともに低かった。しかし、これらのグループの人気度はトレーニング実施後から三ヵ月が経過すると、もともと学校適応が高かったグループと同程度にまで上昇した。また、三つのグループの差もほとんどなくなり、学級内での人気が高い子どもと低い子どもの差が小さくなったことが分かる。

このような結果から、筆者らが学級単位で行ったＳＳＴは単に子どもの社会的スキルを高めるというだけではなく、特に学校適応の低い子どもにとって、主観的な学校適応感の向上や仲間関係の改善に効果的であったことが分かった。このような、仲間からの人気の高まりや学校がより好きになったという結果は、ＳＳＴによって獲得した行動が仲間から強化される機会が増えたことを反映していると思われる。学級単位のＳＳＴでは、具体的にどのように行動すればよいのかを、重要ポイントとして学級全体で共通理解する。これにより、スキルができていない子どもには社会的スキルの比較的高い仲間が教えてあげるということも促進されたのだろう。残念ながら、筆者らの研究では仲間のサポートがこの学級単位のＳＳＴによってどの程度高まったかについての直接的なデータを取ることができていないため、その点については今後の科学的検証が期待される。

「子どもが好きな学校」づくりのためのプログラムは、学級単位のＳＳＴの他にもいくつか考えられる。例えば、仲間のサポート力を高めるためのアプローチが仲間媒介法である。仲間媒介法によるトレーニングは、発達障害児を対象に社会的スキルを教えるプログラムでしばしば用いられる手法である。仲間媒介法では、仲間関係の形成に困難を示す子どもを対象にするのではなく、その子どもと関わる仲間の方をトレーニングする。トレーニングされた仲間がスキルの低い子どもに上手に働きかけることによって、結果的に適切な社会的相互作用を増やすことを目指すのである。この他に、学校環境を整えることに重点をおいたアプローチとして、今アメリカを中心に広がりを見せているプログラムが、ポジティブ・ビヘイビア・サポート（以下、ＰＢＳ）である。ＰＢＳでは、学校での子どもの適応的な行動に関わる環境要因に注目し、適応的な行動が生起しやすい学校環境を整えることを目指している（文献13）。

このように、「子どもが好きな学校」づくりのために、既に様々な取り組みが現場では行われている。ここで紹介したもの以外にも、子どもが「好きだ」「楽しい」と思える学校環境を作るためのアプローチは考えられるだろう。「子どもが好きな学校」づくりに効果的なプログラムの更なる開発とその効果の科学的検証は、今後の研究者にとっての大きな課題であると言える。

かなこさんの学校での一日　――終わりの会編

今日の授業は全て終わり、日番が前に出て終わりの会をしています。かなこさんの学級ではいつも終わりの会で「今日、心に残ったこと」という日記を書いています。かなこさんは今日の日記にこう書きました。「今日、かけ算のひっ算をはじめて習いました。むずかしかったけど、先生に教えてもらってできるようになりました。先生が『かけ算がんばって、さいごまでできたね』とほめてくれてうれしかったです。休み時間にはけいこちゃんたちとなわとびをして遊びました。とても楽しかったので、また明日もしたいです。」帰りの挨拶をして、かなこさんは笑顔で学校を後にしました。

文　献

1　Ladd, G. W. (2003). Probing the adaptive significance of children's behavior and relationships in the school context: A child by environment perspective. *Advancement in Child Development and Behavior, 31*, 43–104.

2　P・A・アルバート&A・C・トルートマン著、佐久間徹・大野裕・谷晋二訳、『はじめての応用行動分析　日本語版』、大阪：二瓶社、二〇〇四年。

3　大対香奈子・大竹恵子・松見淳子「学校適応アセスメントのための三水準モデル構築の試み」、『教育心理学研究』、第五五巻、印刷中。

4 大対香奈子・大竹恵子・松見淳子「小学生を対象にした感情評定と学校生活での感情経験に関する要因」、『日本発達心理学会第15回大会論文集』、二〇〇四年、五六頁。

5 戸ヶ崎泰子・秋山香澄・嶋田洋徳・坂野雄二「小学生用学校不適応間尺度開発の試み」、『ヒューマンサイエンスリサーチ』、第六巻、一九九七年、二〇七―二二〇頁。

6 大久保智生「青年の学校への適応感とその規定要因：青年用適応感尺度の作成と学校別の検討」、『教育心理学研究』、第五三巻、二〇〇五年、三〇七―三一九頁。

7 **Dodge, K. A.（1983）. Behavioral antecedent of peer social status.** *Child Development, 54*, 1386–1399.

8 大対香奈子・松見淳子「小学生の学校適応と社会的スキルおよび仲間関係との関係」、『日本心理学会第70回大会論文集』、二〇〇六年、一三〇一頁。

9 大対香奈子・藤田昌也・大竹恵子・松見淳子「小学校低学年児童におけるグループ遊び場面での仲間との相互作用の行動アセスメント（1）」、『日本行動分析学会第24回大会論文集』、二〇〇六年、八九頁。

10 大対香奈子・松見淳子「幼児の他者視点取得、感情表出の統制、および対人問題解決から予測される幼児の社会的スキルの評価」、『社会心理学研究』、第二二巻、印刷中。

11 Ladd, G. W., Herald, S. L., & Kochel, K. B.（2006）. School readiness: Are there social prerequisites? *Early Education and Development, 17*, 115–150.

12 Otsui, K., & Tanaka-Matsumi, J.（2006）. *Effect of class-wide social skills training on skills acquisition and school adjustment of Japanese children.* Poster presented at the 40th annual meeting of Association for Behavior and Cognitive Therapies.

13 OSEP on Positive Behavioral Interventions Supports. (2000). Applying positive behavior support and functional behavioral assessment. *Journal of Positive Behavior Interventions, 2*, 131–143.

第2章 学校支援にもっと応用行動分析を！

道城裕貴

様々な児童が在籍する教室

ここは、ある小学校の一年生の教室である。教室には三十五名の児童が座っており、教師が授業を行っている。教室内は、ガヤガヤと騒がしく教師の声がかき消されそうである。一番後ろの席に座るAくんは、立ち上がって廊下に出て行ってしまった。Aくんは座っている場合でも、常に落ち着きなく体が動いている。机の引き出しの中には、教科書、鉛筆が詰め込まれており、プリントなどがくしゃくしゃになっている。イスの周りには、給食袋、ランドセル、体育館シューズ入れが転がっている。一方、Bさんは、教師が前に立って授業をしているのにも関わらず、突然立ち上がって後ろに行き、ランドセルの中から水筒を取り出してお茶を飲みだした。「何してるの！」と言われても、「喉が渇いたから」と返事をした。Cさんは、他の教科に比べて字を読むことが極端に苦手である。算数などは得意であるが、文章問題に関しては問題を読むことに時間がかかってしまう。

文部科学省は、二〇〇二年に「通常の学級に在籍する特別な教育的支援を必要とする児童生徒に関する実態調査」を行い、通常学級で「行動面あるいは学習面で著しい困難を示す」児童生徒は、六・三％であったことを報告した（文献1）。六・三％とは三十五名の学級であれば二、三名に該当し、上記の例のように教室内には配慮が必要な児童が在籍していることを示唆した。現在、すべての子どもが通常の学級で適切な支援を受けるべきであるというインクルージョン教育の考え方が推奨され、一人ひとりのニーズにあった教育を展開すべきとされている。すべての子どもが通常学級において適切な指導を受けることが望ましく、通常学級の多様化が増していくと考えられる。このような特別支援教育の変化に伴って、二〇〇三年三月には文部科学省から「今後の特別支援教育の在り方について」の最終報告が出された。これは、障害のある児童生徒一人一人の教育的ニーズに応じて教育的支援を行う「特別支援教育」への転換を図り、これらの児童生徒への支援体制の構築の必要性を挙げたものであり、緊急かつ重要な課題との認識が示された。さらに、障害者基本法や学校教育法施行規則が一部改変されるなど、法律も徐々に改変されている。

本章では、応用行動分析の枠組みにおいて、筆者らが小学校と協働して行った実践研究を紹介する。多様化する教室において授業を受けるために必要な教室のルールは何かを検討し、またそれらを児童に指導する学級支援を行った。教育現場においては、応用行動分析にもとづいた行動アセスメント及び支援方法が奨励されている。応用行動分析は、それまでの学習心理学などの基礎心理学からの流れを受けて、心理学者のスキナーを中心に発展した応用科学である。行動アセスメントでは、行動の前に起こったこと、児童の行動、行動への対応や結果を観察し、記述的に記録することで行動がなぜ起こったのかを明らかにする。教室で配慮が必要な児童がどのような問題を抱えているのか、また教室全体がどのような状態であるのかを明らかにするために、行動アセスメントは有効な手段である。行動アセスメントを用いて児童の問題を早期に発見することで、低学年の段階から早期に支援を行うことが可能となる。教室場面における支援方法としては、難しい課題をスモールステップに分けること、声かけや指差しのヒントの出し方、お手本の出し方、褒め方などが挙げられる。

授業に参加するために必要なこと

授業に参加する上で前提となるのは、教室内のルールや教師の指示を理解することである。

教室のルールとは、例えば「意見があれば手を挙げて発表する」「持ち物は予め決められた場所に置く」「お茶を飲むのは休み時間」などを指す。授業に参加するためには、このような教室のルールを理解することが大切なのである。つまり、通常学級に在籍する全ての児童が教室内のルールを身につけることが望ましい。過去の研究からも、同じ学級に在籍していても児童によって一年間の学業従事率（学習に従事している時間の割合）は四十から二百八十時間と幅があり、学業従事率が高いと学業達成も高いことが明らかとなっている（文献２）。課題を行う、授業の内容を理解するなど、学業に従事するためには、まず授業を受ける態勢を整えることが大切なのである。集団の中で授業を受ける態勢が整うと、学業に従事できる時間が増えると考えられる。そのため、児童に教室のルールを丁寧に教える必要がある。児童が教室内のルールを理解することは、学級経営を考える上でも無視できない問題である。なぜなら、児童は教師が決めた教室内のルールに従って様々な活動を行い、集団行動を学んでいくからである。教師をサポートするという意味においても教室のルールを理解させることは重要である。

学級のルール

通常学級に在籍する児童が学ぶ教室内のルールとは何であろうか。通常学級には、授業に参加するための行動や、集団行動を行うために必要なルールが多数設けられている。毎回、教師の指示がなくとも流れ作業のように行う行動も多く、児童一人一人が自発的に行動しなくてはならない場面がある。すべての児童が教室のルールを理解し従っている場合の方が、そうでない場合と比べて学業行動が促進されると言われている（文献３）。しかし、学級内では何名の児童が教室のルールを理解しているのだろうか。過去の研究から、小学一年から三年の児童のうち教室のルールを正確に説明、確認できたのは十％未満であることが明らかとなっている（文献４）。さらに、驚くべきことにこの研究に参加した教師は、全員「自分は教室でのルールを正確に教えている」と答えていた。一方、ルールや児童がすべきことなど、教室内の適切な行動を促すためには、教師の事前対応的行動が効果的と示唆されている（文献５）。例えば、児童に教室のルールを意識させるために話し合いを求めたり、ルールに従っている児童をその場で具体例として示したりするなどが挙げられる。また、活動を始める前にその活動に取り組む際どのような行動が期待されているかを児童に意識させる、教室内を歩き回って児童の行動を見守る、など積極的にルールを教えることが推奨されている。このような方法を取り入れることで、教室内のルールへの理解が深まり、児童の授業への参加を促すことができる。実際、通常学級において教師が児童全体に話をしている時間の十四％は、教材を集めたり、片付けたりする時間に費やしていることが報告されている（文献６）。そのため、学業以外に教室内のルールを教えることは重要であると考えられる。

自分で自分のことをする　――セルフマネジメント

通常学級において教育的支援を必要とする児童の増加が、行政や現職教員にとって大きな関心となっており、カリキュラムの多様化、児童の学習指導、学級経営など、教師に求められる仕事も増加している。そのため、最近では児童が自分自身で支援を行う手続きが学級経営において効果的だと言われている（文献7）。児童が児童自身の行動をコントロールすることができれば、教師はより多くの時間を学業の指導に割くことができると考えられるためである。自分で自分の行動をモニターし、かつコントロールさせることを、セルフマネジメントという。現在まで教室場面において自分で目標を設定する目標設定、セルフモニタリング（36ページ参照）などのセルフマネジメントが効果的であると報告されている（文献8）。筆者らは、教室場面においてすぐに用いることができるセルフマネジメントとして、目標設定とセルフモニタリングを用いた学級支援を行った。

目標を設定する

学校には、学校全体の目標、月間目標、係りが設定する目標など、様々な目標が存在する。目標は児童の行動にどのような影響を及ぼしているのだろうか。目標設定とは、パフォーマンスの基準であり、例えば課題の問題数、提出期限、合格点、などがこれに当たる。教育現場において、目標設定を用いた支援方法は、課題従事行動や学業行動などを増加させることが実証されている（文献９）。過去の研究において、目標設定が児童の行動に及ぼす効果について五年間にわたって検討した結果、静かに話す、宿題をする、一人で作業をする、などの行動が増加し、叩く、喧嘩をする、カンニング、などの行動が減少したことが明らかとなっている。

行動が起こる前に目標が設定され、目標を達成するという行動があるならば、目標設定は標的行動の手がかりとして機能したと言うことができる。例えば、算数の問題について教師から一日の目標数が与えられ、児童がそれを達成したとする。その結果、目標を達成したことについて教師が褒めたとすると、それ以降児童の目標を達成する行動は繰り返されると考えられる。現在まで効果的な目標を設定するために必要な三つの原則が明らかとなっている（文献10）。一つ目は、明確で具体的な目標を設定すべきであるという点である。児童が即座に自分が目標を達成したかどうかが分かることが重要であり、児童が目標を達成したかどうか分からない、あるいは見極めることができないのであれば目標の書き方が不完全ということになる。このような場合には、支援者が目標を一緒に作成した方がよいとされている。二つ目は、決められた時間内に達成できそうな目標を設定するという点である。目標の時間単位は、日、時、週、月、年、などの単位で表わすことができる。これは、設定された目標に児童がどれだけ熱心に取り組めるかに影響する可能性があり、あまりに遠い目標だとやる気を失ってしまうかもしれない。小学生の目標は一週間以内で達成可能なものが最適で、中学生では一ヵ月、高校生の場合は一学期あるいは一年に亘っても達成できるとされている。三つ目は、目標は具体的な行動を記述すべきであるという点である。目標を達成するためには、実行可能な具体的な行動を記述する必要があるのである。

自己の行動をモニターする ――セルフモニタリング

セルフモニタリングは、児童がある特定の行動が起こったか起こらなかったかを自分で認識し、かつ記録することである。セルフモニタリングには、自分で自分の行動を観察する自己観察と自分の行動を記録する自己記録が必要となる。具体的には、短時間の間にある行動が繰り返し起きていたか（例えば、算数問題の解いた数、クラスで議論している最中に手を挙げた回数など）、一連の行動を終わらせたか（例えば、朝の一連の活動、算数問題を解くための段階）、ある特別な時点においてその行動が起こっていたかどうか（例えば、ランダムな時間間隔でブザーの音がした時に課題を行っていた、あるいは作業をしていたかなど）、などである。セルフモニタリングでは、標的行動あるいは行動の生起・不生起について記録する。これには、得点表、カウンター、インデックスカード、などを用いることが多い。写真に印をつける、ブレスレットのビーズを動かす、トークン、ステッカー、コインを取る、などを用いる場合もある。

神戸市の特別支援事業

筆者らは、二〇〇二年度から発足した神戸市の「通常の学級におけるＬＤ等への特別支援事業」において、「教員補助者」として五年間にわたって支援を行っている（以下、ＬＤ事業とする）。ＬＤとは、学習障害の略称で学習面や対人面に問題を抱える発達障害である。ＬＤ事業は、インクルージョン教育の影響を受けて変化しつつある特別支援教育の中で、神戸市が全国に先駆けて発足したものである。神戸市教育委員会、小・中学校、大学、専門機関、専門家チームが連携体制を築き、通常学級に大学院生もしくは大学生を教員補助者として配置し、大学教員の指導の下、児童生徒の支援を目的とする長期的な企画である（文献11）。二〇〇六年度、支援対象校は六十九校、協力大学は兵庫県、大阪府、京都府にわたる十四大学であり、百六十名の大学院生と大学生が専門教育を受けた教員補助者としてＬＤ事業に参加している。

ＬＤ事業の概要を説明すると、まず神戸市教育委員会が特定の大学教員に支援を依頼することから始まる。大学教員は、心理学あるいは教育学などを専攻する大学院生、大学生を各小学校に派遣する。専門家である大学教員は巡回相談員として、大学院生及び大学生は教員補助者としてＬＤ事業に参加する。巡回相談員は、担当する全ての小学校に年に二回のペースで巡回相談を行う。また、定期的に行う研修において、事例検討などを行うことで教師へのコンサルテーションを行う。教員補助者は、週一日支援を必要とする児童への支援、教師との話し合いなどによって直接支援を行う。支援クラスや支援児童については、学校側のニーズに従い話し合いによって決定するが、支援の必要性が高い一、二、三年生が多いようである。神戸市のＬＤ事業の中で、筆者らは通常学級に在籍する児童に対する様々な支援を行ってきた。ここでは、目標設定とセルフモニタリングを用いた学級支援を紹介する。

「めあてカード」を用いた学級支援

筆者らは、教室のルールを児童に理解させるために目標設定やセルフモニタリングを用いた支援を行ってきた。まず小学二年生のある学級において目標設定を用いた学級支援を行った（文献12）。二年X組の児童は、学級担任によるアンケートによって「チャイムがなったらすぐに帰ってきて座る」「休み時間、イスを中に入れる」「授業中、後ろを向かない」という三つを「現在、できていない行動」として挙げた。そこで、三つの行動を目標として記した「めあてカード」を机の上に貼った。その結果、「チャイムがなったらすぐに帰ってきて座る」「休み時間、イスを中に入れる」について、「めあてカード」を用いる前と比べて、用いた後の方が学級内の達成児童数が多くなったことが明らかとなったが、「授業中、後ろを向かない」には、変化が見

なまえ					金	
クラスのめあて						
じかん	①	○か×	②	○か×	③	○か×
1～2	休み時間 つくえの上をかたづける		つぎのじゅぎょうのじゅんびをつくえの上に出す		イスを中に入れる	
2～3						
3～4						
4～5						

図1　めあて&セルフモニタリングカード

1～2＝1時間目と2時間目の休み時間、2～3＝2時間目と3時間目の20分休み、3～4＝3時間目と4時間目の休み時間、4～5＝昼休み、金＝金曜日のことで曜日を書く欄。

られなかった。しかし、目標を設定するだけで、児童は授業準備行動を達成することができたのである。

　さらに、筆者らは効果的な学級支援の方法を探るために、小学二年生の学級で「めあてカード」にセルフモニタリングを加えた「めあて&セルフモニタリングカード」による学級支援を行った。図1は、「めあて&セルフモニタリングカード」である。カードには、名前と目標を書く欄と、右に目標を達成できたかどうかを○もしくは×で記入できる欄を設けた。「めあてカード」は目標のみが書かれたカードである。「めあてカード」を導入した学級と、「めあて&セルフモニタリングカード」を導入した学級において授業準備行動を比較した。授業準備行動は、担任が三年生になるにあたって必要であるとして選択した、「休み時間に、机の上を片付ける」「次の授業の準備をする」「イスを中に入れる」といった三つの一連の行動であった。「めあて&セルフモニタリングカード」を用いた学級では、「めあてカード」を用いた学級よりも、達成児童数が増加したことが明らかとなった。つまり、カードを導入したことによって、休み時間に机の上を片付け、次の授業の準備をし、イスを中に入れてから休み時間を過ごす児童が増えたのである。ここから、「めあて&セルフモニタリングカード」を用いて、授業準備行動を教える学級支援が学級のルールを浸透させるという意味からも適切な方法であることが示された。

しかし、カードを用いて授業準備行動を教える学級支援は、社会的に妥当であったのかという疑問が生じる。言い換えると、授業準備行動を身につけたことで、児童は積極的に授業に参加することができたのであろうか。そこで、次に「めあて&セルフモニタリングカード」の社会的妥当性を検討した（文献13）。社会的妥当性とは、支援プログラムが児童や、周囲の人的環境および社会的な観点から、その価値や重要性が認められることをいう。筆者らは、支援によって児童の着席行動を向上させた結果、着席行動後の教師の指示に従うことができているか、教師が授業を開始する時間が早くなったのか、などを社会的妥当性の指標として検討した。一年生の児童の「チャイムがなったらすぐに帰ってきて座る」という着席行動に対して「めあて&セルフモニタリングカード」を用いて支援を行った。社会的妥当性を示すために、授業開

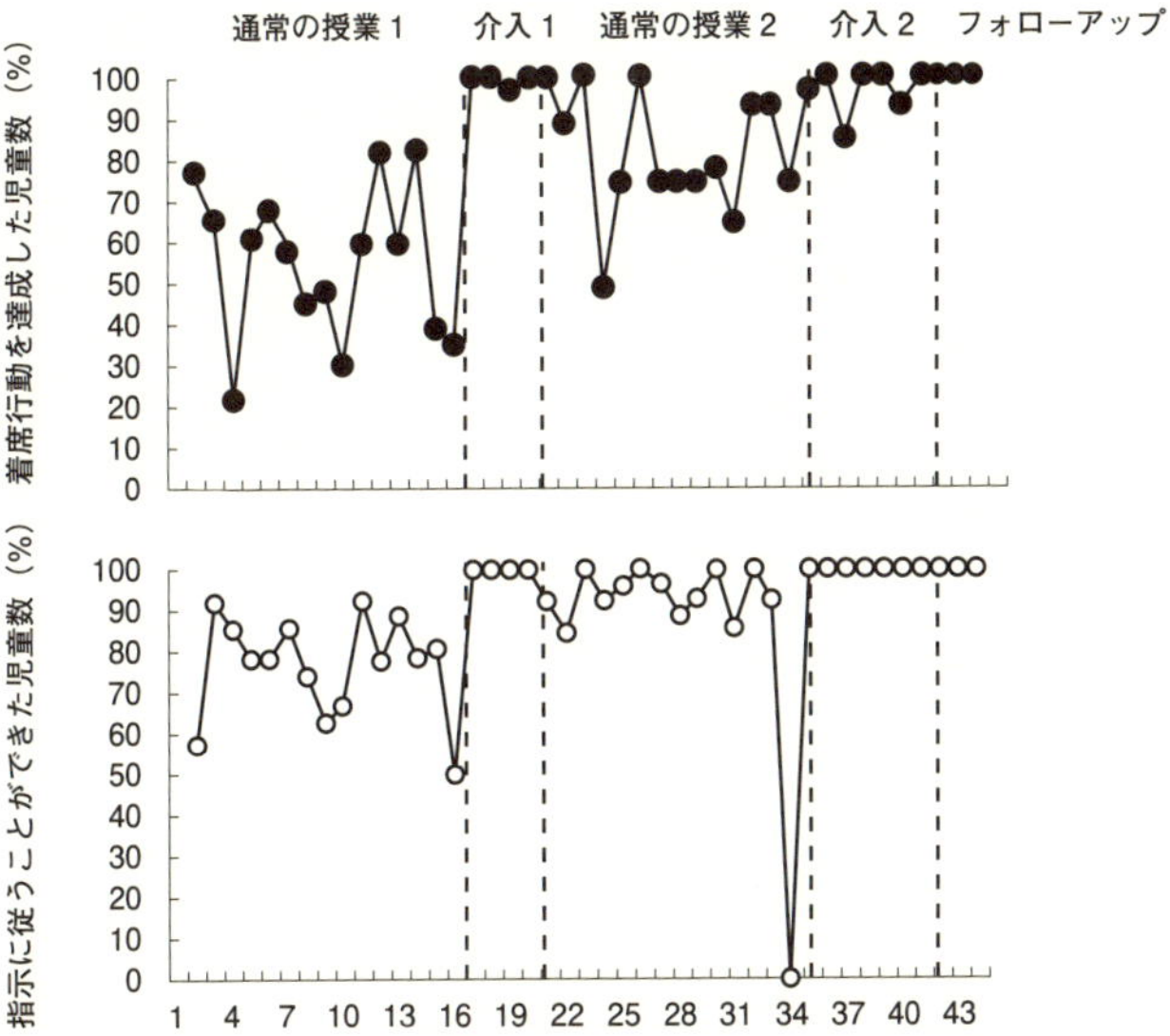

図2　着席行動を達成した児童数（%）と指示に従うことができた児童数（%）

始時の教師の指示に従う行動、授業開始時間、児童へのカードに関するアンケートを測定した。図2は、着席行動を達成した児童数（%）と着席後に教師によって出された指示に従うことができていた児童数（%）を表している。これは、通常の授業を行う期間、カードによる介入を行う期間を交互に繰り返すことによって、支援の効果を明らかにする研究計画であった。通常の授業を行った期間が長いのは、介入を行う時期を考慮していたからであった。その結果、介入において、通常の授業時と比べて着席行動の達成児童数が増加したことが明らかとなった。授業開始後に教師によって出された指示に従う児童数も増加し、授業を開始する時間も早くなったことが明らかとなった。児童へのアンケートからも、「めあて&セルフモニタリングカード」によって自分達の行動が変化したこと、カードをまた使ってみたいと回答した児童が多かったことが明らかとなった。このように、「めあて&セルフモニタリングカード」を用いた学級支援は効果的であり、教育現場において様々な行動に用いることができると考えられる。

授業準備行動

学級内にルールが多く設けられていることはすでに述べたが、具体的にどのような授業準備行動が含まれているのだろうか。筆者らは、現場の教師八十五名に学級内で児童に指導している行動について自由記述式のアンケートを行った。例えば、「朝、教室に入った時」「授業の開始時」「児童が挙手する時」「発表をする時」「給食を食べる時」などの十四の場面において、「学校生活において身につけるべき適切な行動」として教師が低学年（一、二年生）の児童に指導している行動について、思いつく限り記述するように依頼した。低学年に限定したのは、通常学級における授業準備行動に関するルールは、小学校入学後に身につけるべき行動であり学年が変わっても大きく変化はしないものと考えられたからであった。結果として、教師が記述した行動について、場面毎にカテゴリーに分類した。例えば、「発表をする時」では、姿勢、話し手を見て聞く、話し手に体を向けて聞く、手を止める、手はひざの上、考えながら聞く、最後まで聞く、しっかり聞く、など十三の項目が挙げられた。その他、「給食を食べる時」では、行儀よく食べる、席に座って食べる、食器の作法、姿勢、食べ方、残さず食べる、好き嫌いをしない、食べられる量をもらう、よく噛む、三角食べ（大きいおかず、小さいおかず、パンを順番に食べること）、デザートは最後、大きな声で話さない、食事中にふさわしい会話をする、などの二十三の項目が挙げられた。児童は、教室内の様々な場面においてこれらのルールを守って生活しているのである。

さらに、教室内では、具体的にどのような指示が出ているのだろうか。筆者らは、小学一年生の教室において、教師が全体に出す指示を観察した。指示が出た時の状況と指示の言葉を「国語の授業中」「赤鉛筆を出しましょう」などと記録した。記録した指示をカテゴリーに分類したところ、「国語の教科書を出しましょう」などの「授業の用意や片付け」に関する指示、「五十六ページを開けましょう」などの「ページの開閉」に関する指示、「空書きします」などの空中に字を書く「空書き」に関する指示、など二十四のカテゴリーに分類することができた。教室場面においてはパターン化された指示が多く出されており、教師が児童に指導している行動には共通点があると言える。

授業に参加する練習

これまで述べた「めあて&セルフモニタリングカード」を用いた支援は、学級を対象としたものであった。学級に在籍する全ての児童が同じ目標を設定し、共通したセルフモニタリング手続きを用いた。しかし、全ての児童の行動が向上するわけではなく、変化が見られない児童もいる。様々な児童が在籍する通常学級では、学級支援に加えて個別に支援が必要な児童も在籍している。教室以外の場所で教室のルールを理解させる、つまり授業に参加するために授業準備行動を身につけさせることは学習の準備として役立つと考えた。

筆者らは、授業場面をシミュレートした模擬授業場面において、通常学級に就学予定の発達障害児一名に対して授業準備行動を教える個別支援を行った。授業に参加できるように、学校以外の場所で授業準備行動を教えることで、実際の授業場面においても遂行できることを目指した。就学前の十一月から開始し、就学後の現在も児童のニーズに従いながら継続して行っている。授業準備行動は、これまでの予備観察から「空書き」「発表」などの三十四の行動を選択し、模擬授業場面を設けて指導した。模擬授業場面は、大学院生三名がクラスメイト役として参加した一対四の集団トレーニングであった。結果として、模擬授業場面において教えた授業準備行動を実際の教室においても確認することができた。つまり、「空書き」を模擬授業場面において教えられた児童は、教室場面においても空書きをできていたのである。

一名の対象児について詳細に検討する一事例において支援の効果を示すことができたので、それを元に三名の発達障害児に対する集団プログラムを行った。就学前の三月に、模擬授業場面において授業準備行動を指導するプログラムであった。その際、児童がどのような授業準備行動を身につけているかを明らかにするために「授業準備行動チェックリスト」を作成した。例えば、「先生の指示で黒板を写すことができる」「配られたプリントなどを折って、しまうことができる」「先生の課題に関する説明を最後まで聞いてからはじめることができる」、などの三十四の授業準備行動を含んだチェックリストであった。チェックリストは、上述のアンケートや一事例の支援などを参考にして作成した。プログラムでは、授業準備行動を「朝の用意」「国語（書字）」「国語（本読み）」「帰りの用意」という四つの模擬授業場面において教えた。就学後に、授業準備行動チェックリストを用いて児童が実際の教室場面において授業準備行動をできていたかどうかを確認した。その結果、児童は模擬授業場面において指導した多くの授業準備行動を教室場面において行っていたことが明らかとなった。このように、教室とは異なった場所で、授業に参加するための行動を指導することが効果的であると示すことができた。

まとめ

小学校では、児童が授業に参加するために教室内に多数のルールが設けられている。児童は、教室のルールを理解し日々の集団生活を行っている。これは、学業に勤しむ上で必要なことである。そのため、現在、通常学級に在籍する児童に教室のルールを指導する学級支援が重要であると考えられる。例えば、筆者らが行ったような「チャイムがなったらすぐに帰ってきて座る」などの具体的な授業準備行動に「めあて&セルフモニタリングカード」というカードを用いた学級支援を行うなどである。筆者らは、教室内において現場の教師と協働して学級支援を行った。教師とともに児童の行動を観察記録することで支援の効果を検討し、児童が積極的に授業に参加できるような環境作りを行うことができた。一方で、学級支援と同時に、個別支援ももちろん必要である。模擬授業場面という授業をシミュレートした場面において、教室のルールを指導する個別支援も効果があることが明らかとなった。学習面あるいは行動面に何らかの教育的支援が必要な児童には、教室以外の環境で授業に参加しやすくなるような行動を教えることが効果的なのである。筆者らの研究は応用行動分析の枠組みにおいて行われたが、教育現場においても応用行動分析が応用科学として十分に有効であることを示すことができた。今後、神戸市のＬＤ事業などのシステムにおいても、児童が授業に参加できる環境作りに貢献できるような学級支援あるいは個別支援を目指したい。

文献

1　文部科学省「通常の学級に在籍する特別な教育的支援を必要とする児童生徒に関する全国実態調査　調査結果」、文部科学省、二〇〇二年。

2　Greenwood, C. R.（1991）. Longitudinal analysis of time, engagement, and achievement in at-risk versus non-risk students. *Exceptional Children, 57*, 521–535.

3　Paine, S. C., Radicchi, J., Rosellini, L. C., Deutchman, L., & Darch, C. B.（1983）. *Structuring your classroom for academic success*. Champaign, IL: Research Press.

4　Stoner, G., & Green, S. K.（1992）. *A pilot study of instruction in and understanding of classroom rules in the primary grades*. Unpublished manuscript, College of Education, University of Oregon, Eugene.

5　Elliot, S. L., Witt, J. C., Kratochwill, T. R., & Stoiber, K. C.（2002）. Selecting and evaluating classroom interventions. In M. R. Shinn, H. M. Walker, & G. Stoner（Eds.）, *Interventions for achievement and behavior problems, II: Remedial and preventive approaches*（2nd ed., pp.243 – 294）. Washington, DC: National Association for School Psychologists.

6　Ysseldyke, J. E., Christenson, S. L., Thurlow, M. L., & Bakewell, D.（1989）. Are different kinds of instructional tasks used by different categories of students in different settings? *School Psychology Review, 18*, 98－111.

7　Moore, D. W., Prebble, S., Robertson, J., Waetford, R., & Anderson, A.（2001）. Self-recording with goal setting: A self-intervention programme for the classroom. *Educational Psychology, 21*, 255－265.

8　Alberto, P. A., & Troutman, A. C.（1999）. *Applied behavior analysis for teachers.* Upper Saddle River, NJ: Prentice Hall.

9　Ruth, W. J.（1994）. Goal setting responsibility training, and fixed ratio reinforcement: Ten-month application to students with emotional disturbance in a public school setting. *Psychology* in the Schools, 31, 146-155.

10　Sands, D., & Doll, B.（2000）. *Teaching goal setting and decision making to students with developmental disabilities.* Washington, DC: American Association on Mental Retardation.

11　道城裕貴・松見淳子「大学・地域と連携した学校支援の応用行動分析的モデルの検討」、『関西学院大学人文論究』、第五六号、二〇〇六年、一九―三四頁。

12　道城裕貴・松見淳子「通常学級において『めあてカード』による目標設定が授業準備行動に及ぼす効果」、『行動分析学研究』、第一九号、二〇〇四年、一四八―一六〇頁。

13　道城裕貴・松見淳子「通常学級において『めあて&フィードバックカード』による目標設定とフィードバックが着席行動に及ぼす効果」、『行動分析学研究』、印刷中。

第3章 心配するということ

――心配性の人はどのように問題を解決しようとしているのか――

本岡寛子

心配するということ

人間は誰でも、日常生活において、人間関係のこと、仕事や学校のこと、経済的なこと、将来のこと、家族のこと、健康や病気のこと、地震や大雨などの天災、紛争や戦争のことなど、その内容や程度に差があったとしても、将来起こりうる様々なことについて心配して生きている。心配するということは、「不確実で否定的な結果が予期される問題を避けるための方法を探索する試み」と定義されている。このように、将来起こりうる危険や問題を避けるために、心配することは生きて行くうえで必要なことである。しかし、心配事が次から次へと頭の中を占領して自分ではコントロールできない状態にまで陥ってしまうと、それはもはや適応的とはいえない。例えば、心配の程度が過剰になると、「私はひとつのことを終えるとすぐに他にしなければならないことについて気にし始める」、「私は、心配すべきではないと分かっているが、どうしても心配してしまう」という状態を示すようになるといわれている。そこで、本章では、心配することが、人間が生きていくうえで、どのような働きを持っているかについて検討する。

なぜ人は心配するのか

1　自律神経の活動を抑える

心配するということは、次から次へと心配していることを頭の中で、映像としてではなく、言語として考えている状態であるとされる（文献1）。そうすることによって、自律神経系の活動（例えば、心拍数が増える）を抑制することができるという実験結果がある（文献2）。このように、人間が心配をする理由のひとつは、自律神経の活動を抑えるためであると考えられている。

2　恐ろしい場面のイメージを避ける

人間が心配するのは、恐ろしい場面のイメージの具体性を低めることによって、恐ろしい場面の鮮明なイメージを回避しているという説もある（文献3）。抽象的に考えれば、そのイメージも不鮮明となり、具体的に考えれば、そのイメージは鮮明になるため（文献4）、抽象的に考えることによって、恐れている場面のイメージを不鮮明にしていると考えられている。

また、心配には警告機能（外的・内的な恐怖情報を意識的に取り込む機能）、動機づけ機能（恐怖と関連した長期記憶の思考やイメージを意識させ、将来起こりうる恐怖へ人を動機づける機能）、準備機能（将来起こりうる否定的な状況を予期させる機能）があるとされる。つまり、人間が心配している状態というのは、将来、起こりうる危険や問題の手がかりとなる情報に注意を向けやすい状態であることを示している（文献5）。そうすることによって、将来起こりうる問題についてあれこれ考え、現実的に恐れている問題のイメージを避けることができると考えられている。

3　心配性の人は、心配することは問題解決に役立つと考えている

心配することによって、将来の問題に対応できる、起こりうる悪い結果を防ぐことができると考えている人は多い。このように心配することが利益をもたらすという考えを持つことによって、将来の問題への対処法として心配するようになる。しかし、将来の問題にとらわれることで、現実的な問題の解決の終結を妨げ、心配が止められなくなってしまうのである（文献6）。心配を主症状とする全般性不安障害患者は、心配についての肯定的信念（「心配することで将来の問題に対応できる」）と否定的信念（「どのように問題を解決すればよいか分からない」）

が共存していることが明らかにされている。

以上の三つの説において、心配性の人は、常に将来起こりうる問題について心配していて、目の前の現実的で具体的な問題に気づくことができない状態に陥っていると考えられている。そこで、心配性を改善するためには、現実的な問題に目を向けることが求められる。現実的な問題を効果的に解決するには、五つの段階が必要であるとされている（文献7）。

効果的な問題解決の仕方

図1に示したように、現実的な問題を効果的に解決するには、相互的に作用する五つの段階が必要とされている。第1段階の『問題解決志向性』では、問題解決を促進するような考え方や構えをつくることが求められる。例えば、問題に直面した際、「この問題は自分には対処できない」と考えるのではなく、「この問題は、自分が対処しなければならない問題だ」、「問題は、挑戦あるいは自己成長の機会である」と考えるほうが、問題を解決するための行動を起こしやすいとされている。第2段階の『問題の明確化』では、問題を具体的に定義し、現実的で対処可能な問題の解決に臨むことが求められる。問題が曖昧であったり、目標が非現実的で対処不可能な問題である場合、効果的な問題解決が困難になるとされる。第3段階の『問題解決策の産出』では、できるだけ多くの解決策を考え出すことが求められる。我々は、問題解決策に対

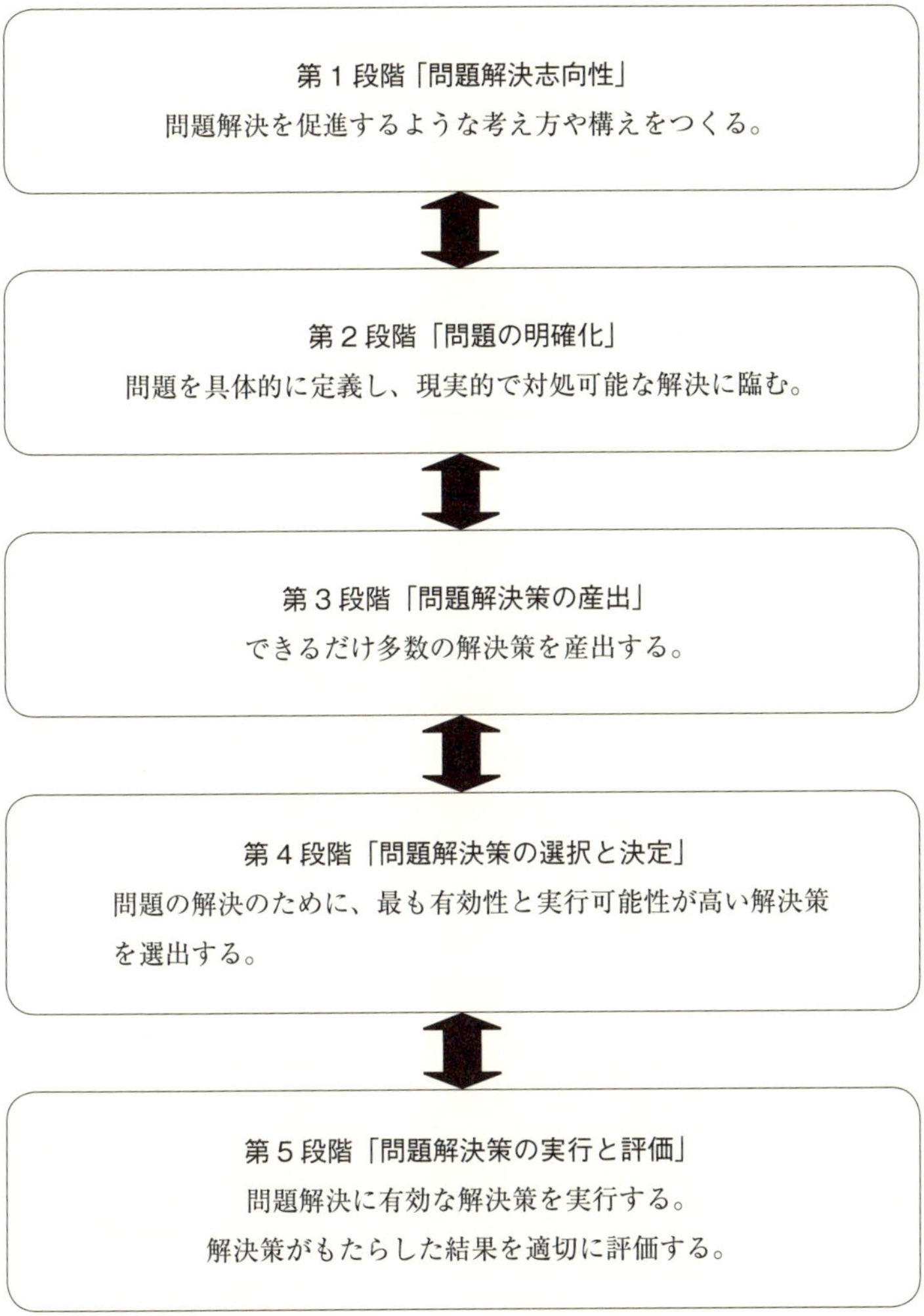
第１段階「問題解決志向性」
問題解決を促進するような考え方や構えをつくる。
第２段階「問題の明確化」
問題を具体的に定義し、現実的で対処可能な解決に臨む。
第３段階「問題解決策の産出」
できるだけ多数の解決策を産出する。
第４段階「問題解決策の選択と決定」
問題の解決のために、最も有効性と実行可能性が高い解決策を選出する。
第５段階「問題解決策の実行と評価」
問題解決に有効な解決策を実行する。
解決策がもたらした結果を適切に評価する。

図1　問題解決モデル（D' Zurilla & Nezu, 1999）

して、そのメリットとデメリットをすぐに評価しがちであるが、この段階では、解決策の中に好ましい解決策が含まれる確率を最大限にするために、可能な限り多数の解決策を考えだすことが目標とされる。そして、第4段階の『問題解決策の選択と決定』で、問題の解決のために、最も有効性と実行可能性が高い解決策を選出する。つまり、深刻な否定的な結果を招く見込みがあるか否か、適切に実施するための能力や資源があるか否か、問題が改善される見込みがあるか否か、問題の解決に費やす時間や労力、全体的な利益と損失の比率を評価することが求められる。第5段階の『問題解決策の実行と評価』において、問題の解決に有効な解決策を実行し、その結果を適切に評価することが必要とされている。

このように、効果的に問題を解決するためには、五つの段階が相互に作用していると考えられている。心配することは、問題解決に役立つと考えている人が多いが、実際にそうなのだろうか。そこで、筆者らは、五つの問題解決の段階に沿って、心配性の人とそうでない人の問題解決の仕方を明らかにすることを目的とした研究を行った。その研究をここで紹介する。

心配性の人の問題解決の仕方

筆者は、大学生、大学院生、社会人、臨床患者を対象に、調査や面接によって、心配の程度と問題解決の仕方の関連性を調べた（文献8）。その結果、図2に示したように、心配の程度が高い人、つまり心配性の人は、問題解決モデルの第1段階において、「この問題に立ち向かうことは、私にかなり利益を与える」と考える一方で、「自分には問題を解決する能力がない」、「この問題は、有害または脅威的な結果をもたらすものだ」と考える傾向が強いことが明らかになった。第2段階においても、心配の程度が低い人や中程度の人と比較して、具体的でない対処不可能な問題を産出する傾向があることが明らかになった。しかし、他者から見ると対処可能な範囲の問題であり、心配している本人だけが、「この問題は対処不可能だ」と捉える傾向が強いことが明らかになった。第3段階では、多数の解決策を産出することはできるが、第4段階においても、心配の程度が低い人から中程度の人と比較して、有効性や実行可能性の低い解決策を選出する傾向があることが明らかになった。しかし、他者から見ると有効性があると見なされる範囲の解決策に対して、「この解決策は有効性が低い」と考える傾向が強いことが明らかになった。つまり、心配性の人は、まだまだ良い解決策があるのではないかと考え、解決策をいつまでも選出できない状態に陥っていると考えられる。第5段階では、解決策を実行に移すことが困難であり、結果を「未だ問題は解決していない」と評価することが明らかになった。

このように、心配性の人は、問題解決モデルの第1段階、第2段階、第4段階、第5段階において非効果的な問題解決を行っていることが明らかになった。特に、心配性を予測する問題解決モデルの段階を検討するために、心配度を測定する尺度Penn State Worry Questionnaire日本語版を従属変数、問題解決モデルの段階の変数を測定する自己評定式尺度を独立変数とした重回帰分析を行った結果、第1段階における問題に対する消極的な捉え方が最も心配性と関連があることが示された（文献9）。

このように、心配の程度が高い人は非効果的な問題解決を行っていることが明らかになったが、全く心配しない、つまり心配の程度が低いことが、人間が生きていくうえで望ましいことなのだろうか。将来起こりうる出来事に対して、何らかの準備をすることは、人間が生活していくうえで必要なことである。そこで、心配の程度が低い人や中程度の人の問題解決法についても検討した。心配の程度が中程度の人は、問題解決モデルの第1段階において、「この問題に対して対処しなければならない」、「この問題は挑戦である、つまり、自分の好ましい状態に利益をもたらす」という問題解決に対して積極的な姿勢を示す。さらに、第2段階においては、現実的な問題を産出できることが明らかになった。第3段階でも、多数の解決策を産出し、第4段階では、実行可能な解決策を選出することができることが明らかになった。また、第5段階においても、解決策の有効性に差があるにしても、何らかの解決策を実行する傾向が強いことが明らかになった。しかし、結果として、「問題は解決されていない」と評価する傾向が強いことが明らかになった。

第１段階「問題解決志向性」
「問題に立ち向かうことは、私に利益を与える」
「自分には問題を解決する能力がない」「不安のコントロールができない」「この問題は有害または脅威的な結果をもたらすものだ」

↕

第２段階「問題の明確化」
心配の程度が低い人や中程度の人と比較して、具体的でない、対処不可能な問題を産出する。←人から見ると対処可能な問題を「この問題は対処不可能だ」と捉える傾向がある。

↕

第３段階「問題解決策の産出」
できるだけ多数の解決策を産出する。

↕

第４段階「問題解決策の選択と決定」
心配の程度が低い人や中程度の人と比較して、有効性や実行可能性の低い解決策を選出する。←人から見ると有効な解決策を「有効ではない」と評価する。

↕

第５段階「問題解決策の実行と評価」
解決策を実行に移せない。
結果を「問題は解決されていない」と捉える。

図２　心配性の人の問題解決の仕方

また、心配の程度が低い人は、問題解決モデルの第1段階において、「この問題に対処しなければならない」という問題解決に対して積極的な姿勢を示すと共に、「この問題は、有害または脅威的な結果をもたらすものだ」と捉える傾向が強いことが明らかになった。第2段階においては、顕著な特徴は見られず、第3段階では、多数の解決策を産出でき、第4段階でも、実行可能な解決策を選出できることが明らかになった。第5段階では、心配度の低い人は、有効な解決策を実行できることが示された。しかし、心配の程度が中程度の人と同様に、結果として、「問題は解決されていない」と評価する傾向が強いことが明らかになった。

心配の程度が低い人から中程度の人は、現段階では、問題は解決されていない状態であると評価されているが、何らかの解決策を実行していることから、将来的には問題が解決される可能性がある。つまり、心配の程度が高い人が最も非効果的な問題解決を行い、低い人から中程度の人は、問題が解決に結びつく可能性の高い対処をしているといえる。しかし、仮に、将来解決されないとすれば、「心配をする」ということ自体が、非効果的な問題解決活動ということになるが、この点については、今後の研究が期待される。

心配性を改善するには

筆者らは、心配の程度が高い神経精神科外来の患者を対象に、問題解決モデルに沿った問題解決法の指導マニュアルを用いて、（1）〜（5）の順で、適切な問題解決の指導を行った（文献10）。

（1）導入と問題解決モデルの第1段階「問題解決志向性」の指導

目的として、「基本的に、心配している問題に対処できるように、五つの問題解決スキルを学習すること」を提示し、五つの問題解決スキルの説明を行った。五つの問題解決スキルとは、「問題をどのように、捉えるか・考えるか」、「問題を明らかにし、目標をどう設定するか」、「解決策をどのように考え出すか」、「どのように有効な解決策を選択するか」、「解決策の試みが成功したか否かをどのように評価するか」の五つである。さらに、適切で効果的な問題の考え方・捉え方を図3を提示して説明した。

（2）第2段階「問題の明確化」の指導

問題を現実的で具体的に記述し、客観的な事実と勝手な推測とを区別し、現実的な目標設定を行うことを目的とした。問題（行動的問題、情緒的問題、身体的問題、認知的問題、環境的問題）から最も改善させたい問題を選出させた。その際、問題が非現実的であったり、抽象的、問題に関する情報に推論や解釈によるものが混在していないかどうかを検討し、最終的に現実的な問題へと修正した。目標を設定するために、二つのルール（目標を明確で具体的な言葉で述べる、非現実的で達成できそうにない目標の記述を避ける）を提示した。さらに、目標設定した後、その目標が対処可能か否かを評価させた。そして、最終的に残った目標を、チャレンジしたい順に並び替え、最優先されたものから取り上げることにした。

（3）第3段階「問題解決策の産出」の指導

目標を達成するために、できるだけ多数の解決策を考えさせるため、三つのルールを指導した。一つ目は、「数のルール」であり、できるだけたくさんの解決策を見つけること、二つ目は「判断を遅らせるルール」であり、産出した解決策の効果、価値、道徳的に受け入れられるかどうかについて全く考えずに、より多くの解決策を考えること、三つ目は「大対策―小対策のルール」であり、問題を解決するための一般的道筋である大対策と、大対策を成功させるために具体的にどうするべきかという個々の計画である小対策を区別させること、である。大対策と判断された解決策は、その小対策を考えるよう促し、より多くの解決策（小対策）を考えるよう指導した。

（4）第4段階「問題解決策の選択と決定」の指導

目標を達成するために、最も有効な解決策を決定し、具体的な行動目標（何を、どのぐらい、どうする）を設定した。まず、解決策のリストから、適切に実施するための能力や資源が欠けているために実行できないことが明らかなものと、深刻な否定的な結果を招く見込みが高いために受け入れられないことが明らかなものを削除する。さらに、残った解決策の、利点と不利

☆適切で効果的な問題の考え方・捉え方☆

○必ずしも問題は、自分に何か悪い点があることを示すものではありません。

問題のない人生はありません。人間誰もが何らかの問題を抱えて生きています。

「人生にとって問題が起こるのは当然のことである」

○問題を「挑戦」あるいは自己成長や自己改善（例えば、新しい何かを知る、自分の生活をより良くする）の機会とみましょう。失敗を破局（「もう、これでおしまいだ」など）とは考えないでください。そのかわりに、修正のための学習経験としてみなしましょう。

「問題は『こわいもの』ではなく、『挑戦』あるいは『自己成長』や『自己改善』の機会である」

○「解決可能か不可能か」ではなく、「何が出来るだろうか」と考えて下さい。

○最初の衝動や思いつきで行動しないようにしましょう。最初の思いつきは理性よりも感情に影響されがちで、だいたいにおいて最善ではないことが分かっています。

問題に対して感情的に反応せずに、立ち止まって考えましょう。

「衝動的に動くのではなく、立ち止まって考えよう！」

「問題が生じたときは、それを避けるよりも直面する方が好ましい」

「問題を解決するには努力と時間を要するものだ」

図3　問題解決モデルの第1段階「問題解決志向性」における適切で効果的な問題の考え方・捉え方を示したシート

点を考え、最も有効性が高いと判断されたものを選出するよう指導した。

（5）第5段階「問題解決策の実行と評価」の指導

問題解決策の実際の結果に関するデータを集めることは、問題解決に関する全体的な操作について、より正確に評価をすることになるとされるため、行動目標を実行できれば、課題表にシールを貼った。このような結果のフィードバックを与えることで、達成感を味わうことができるのである。

以上のような指導の結果、図4に示したように、問題解決に対する消極的な構えが改善された。さらに、実際の問題解決のパフォーマンスにおいても、第1段階から第5段階にかけて、効果的な問題解決を行うことができるようになったことが実証された。例えば、ある心配性の人は、第1段階において、問題の捉え方として、「このような病気になったのは、自分の管理能力がなかったからだ」と考える傾向があったが、適切な問題の捉え方を指導した結果、「今、できることをやるしかない」と考えることができるようになった。また、第2段階において、効果的な問題解決法の指導前は、目標として「仕事に復帰すること」というすぐには達成困難な目標が最優先されたが、指導後は、「仕事の復帰に向けて、体調を整える、もしくはマイナス感情を緩和するために、できる範囲のことを少しずつ実行する」という現実的で日々の生活の中で達成可能な目標が設定できるようになった。そして、第3段階においても、目標を達成

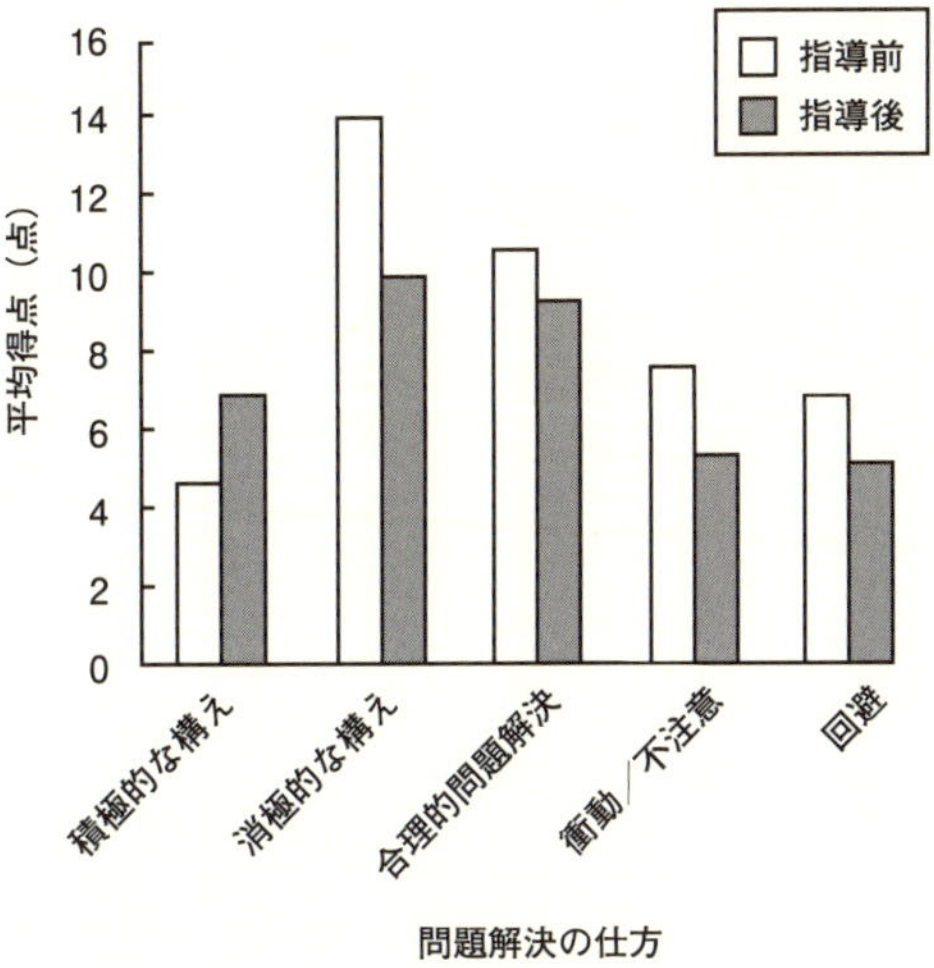

図4　効果的な問題解決法の指導前後の問題解決の仕方の変化

下位尺度である「積極的な構え」の得点は0～16点、その他は0～20点の範囲で表される。

するための解決策として「新聞を読む」や「お茶の時間をつくる」など、二十一個の解決策が産出された。そして、第4段階においても、有効であると判断された解決策（例「新聞を読む」）を、効果的な問題解決法の指導後は、より実行可能な行動目標（例「新聞の一面だけを読む（毎朝）」）として設定することができるようになった。第5段階においても、問題解決法の指導前は、結果の評価として、「テレビを見たり、読書ができない」と報告していたが、指導後は、「九十分続けてテレビが見られるようになり、本を一冊読了できるようになった」と、具体的に現在の状態を評価することができるようになった。

さらに図5に示したように、心配の程度、状態不安、特性不安、抑うつの程度が緩和された。このように、現在、すでに存在している問題から回避せずに、立ち向かうことによって、心配や不安、抑うつの緩和に繋がることが明らかにされたのである。

臨床的意義

心配性の人は、現実的な問題に立ち向かって、失敗すること、もしくは悪い結果が生じることから回避するために、具体性の低い対処不可能な問題に取り組み、解決しようとしている。よって、いつまでも問題が解決されない状態に陥ってしまうのである。そこで、現実的な対処可能な問題に目を向け、それに立ち向かっていくことで、少しでもよい結果を経験することが、

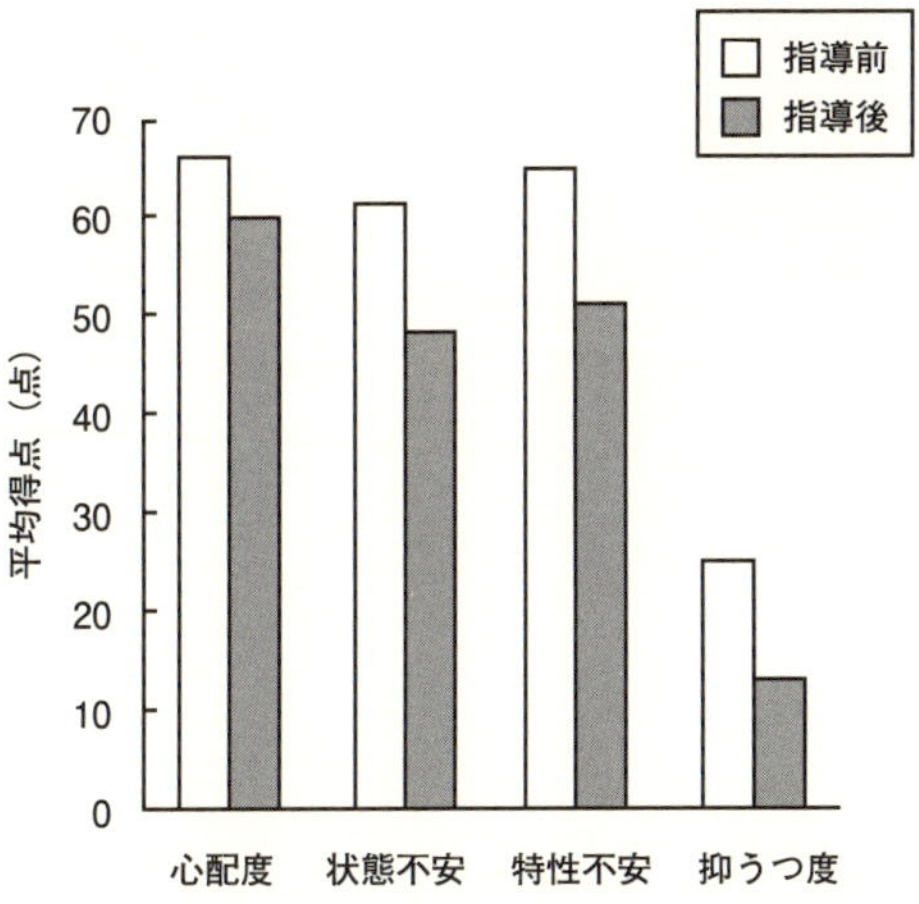

図5　効果的な問題解決法の指導前後の心配度、状態不安、特性不安、抑うつ度の変化

心配は16～80点、状態不安と特性不安は20～80点、抑うつは0～63点の範囲で表される。

過度に心配することを防ぐといえよう。

近年、臨床心理学の領域で、うつ病や不安障害、喫煙、アルコール依存症など様々な臨床患者を対象に、問題解決モデルを基盤とした問題解決法の指導の効果が実証されてきた。さらに、筆者らの研究によって、指導方法とマニュアルが考案され、効果検証の研究が始まった。現在、医学や臨床心理学の領域で、実証に基づく医療や心理療法が求められるようになっていることからも、今後、心配緩和に向けた問題解決法の指導の有効性を高めるための実証的研究が期待される。

文　献

1 Borkovec, T. D., & Inz, J.（1990）. The nature of worry in generalized anxiety disorder: A predominance of thought activity. *Behaviour Research and Therapy*, *28*, 153–158.

2 Borkovec, T. D. & Hu, S.（1990）. The effect of worry on cardiovascular response to phobic imagery. *Behavioral Research and Therapy*, *28*, 69–73.

3 Stöber, J., Tepperwien, S., & Staak, M.（2000）. Worrying leads to reduced concreteness of problem

elaborations: Evidence for the avoidance theory of worry. *Anxiety, Stress, and Coping, 13*, 217–227.

4 Paivio, A.（1986）. *Mental representations: A dual coding approach*. New York: Oxford University Press.

5 Eysenck, M. W.（1992）. *Anxiety: The cognitive perspective*. Hillsdale, NJ: Lawrence Erlbaum.

6 Wells, A.（1995）. Metacognition and worry: A cognitive model of generalized anxiety disorder. *Behavioral and Cognitive Psychotherapy, 23*, 301–320.

7 D' Zurilla, T. J., & Nezu, A. M.（1999）. *Problem-solving therapy: A social competence approach to clinical intervention*（2nd ed.）. New York: Springer.

8 本岡寛子「『心配』の問題解決モデルとその臨床的応用」、『日本認知療法学会第六回大会・自主シンポジウム「心配」の認知モデル、発表論文集』二〇〇六年。

9 Motooka, H., & Tanaka-Matsumi, J.（2004）. *Problem-solving abilities as predictors of worry*. Poster presented at 2004 World Congress of Behavioral and Cognitive Therapies, Kobe, Japan.

10 本岡寛子・松見淳子「心配の緩和に向けた問題解決法の指導の効果」、『日本心理学会第六十九回大会発表論文集』二〇〇五年。

著者紹介

大対香奈子（おおつい・かなこ）第 1 章
現　　職 : 日本学術振興会特別研究員（PD）（関西学院大学）
専門分野 : 発達心理学、臨床心理学、応用行動分析
学　　位 : 博士（心理学）

道城裕貴（どうじょう・ゆき）第 2 章
現　　職 : 関西学院大学大学院研究員
専門分野 : 臨床心理学、応用行動分析
学　　位 : 博士（心理学）

本岡寛子（もとおか・ひろこ）第 3 章
現　　職 : 関西福祉科学大学社会福祉学部臨床心理学科講師
専門分野 : 臨床心理学、認知行動療法
学　　位 : 博士（心理学）

K.G. りぶれっと No.17
臨床心理科学研究のフロンティア

2007 年 3 月 30 日 初版第一刷発行

著　者　大対香奈子・道城裕貴・本岡寛子
発行者　山本栄一
発行所　関西学院大学出版会
所在地　〒 662-0891 兵庫県西宮市上ケ原一番町 1-155
電　話　0798-53-5233

印　刷　協和印刷株式会社

Printed in Japan by Kwansei Gakuin University Press
ISBN 978-4-86283-011-1

http://www.kwansei.ac.jp/press

関西学院大学出版会「K・G・りぶれっと」発刊のことば

大学はいうまでもなく、時代の申し子である。

その意味で、大学が生き生きとした活力をいつももっていてほしいというのは、大学を構成するもの達だけではなく、広く一般社会の願いである。

研究、対話の成果である大学内の知的活動を広く社会に評価の場を求める行為が、社会へのさまざまなメッセージとなり、大学の活力のおおきな源泉になりうると信じている。

遅まきながら関西学院大学出版会を立ち上げたのもその一助になりたいためである。

ここに、広く学院内外に執筆者を求め、講義、ゼミ、実習その他授業全般に関する補助教材、あるいは現代社会の諸問題を新たな切り口から解剖した論評などを、できるだけ平易に、かつさまざまな形式によって提供する場を設けることにした。

一冊、四万字を目安として発信されたものが、読み手を通して〈教え―学ぶ〉活動を活性化させ、社会の問題提起となり、時に読み手から発信者への反応を受けて、書き手が応答するなど、「知」の活性化の場となることを期待している。

多くの方々が相互行為としての「大学」をめざして、この場に参加されることを願っている。

二〇〇〇年　四月